AF450668

LES FESTES DE L'ÉTÉ,

BALET

REPRESENTE' POUR LA PREMIERE FOIS
PAR L'ACADÉMIE ROYALE
DE MUSIQUE,

Le Vendredy douziéme Juin 1716.

Le prix est de trente sols.

A PARIS,

Chez PIERRE RIBOU, seul Libraire de l'Académie
Royale de Musique, Quai des Augustins, à la
Descente du Pont-Neuf, à l'Image S. Loüis.

MDCCXVI.

ACTEURS CHANTANS

DU PROLOGUE.

LE PRINTEMS,	Mr Guedon.
L'E'TE',	Mr Murayre.
VENUS,	Mlle Antier.
AMANTES,	Mlles Pasquier, Limbourg,
Bourgoüin.	
Suite de Venus.	

ACTEURS CHANTANS

DE LA PREMIERE ENTRE'E.

SYLVIE,	Mlle Journet.
DAPHNIS, *Amant de Sylvie,*	Mr le Mire.
CLYMENE,	Mlle Poussin.

CERES,   Mlle Millon.

UNE MOISSONNEUSE,   Mlle Bourgoüin.

Troupe de Bergers, de Bergeres, de Moiſſonneurs & de Moiſſonneuſes.

ACTEURS
CHANTANS
DE LA SECONDE ENTRE'E.

ARGANTE, *Tuteur d'Hortenſe,*   Mr Dun.

LISIS, *Amant d'Hortenſe,*   Mr Cochereau.

HORTENSE,   Mlle Minier.

ZERBIN, *Valet d'Argante,*   Mr Mantienne.

DORIS, *Suivante d'Hortenſe,*   Mlle Antier.

UNE MARINIERE,   Mlle Limbourg.

Troupe d'Habitans des Rives de la Seine.

Troupe de Mariniers & de Marinieres.

La Scene eſt ſur les bords de la Seine.

ACTEURS CHANTANS

DE LA TROISIE'ME ENTRE'E.

VALERE, *Amant de Belise*,	Mr Hardoüin.
BELISE,	Mlle Journet.
OCTAVE, *Amant de Lucinde*,	Mr Cochereau.
LUCINDE,	Mlle Huzé.
UN MASQUE,	Mr Murayre.
DEUX MASQUES,	Mr le Mire & Mlle Pasquier.
UN MASQUE,	Mlle Bourgoüin.
TROIS MASQUES,	Mr le Mire, Mr Murayre, Mlle Bourgoüin.

ACTEURS DES DIVERTISSEMENS
du Prologue.
LES GRACES.

Mademoiselle Guyot.
Mesdemoiselles Menés, Isecq, la Ferriere.

AMANTS CONTENTS.

Monsieur D-Dumoulin.

Messieurs Germain, Dumoulin-L., Guyot, Malterre.

Mesdemoiselles Dupré, Lemaire, Châteauvieux, Brunel.

ACTEURS
DANSANS
DE LA PREMIERE ENTRE'E.
BERGERS & BERGERES.

Messieurs Dumoulin-L., Marcel, Dangeville, Pecourt.
Mesdemoiselles Menés, Isecq, Haran, la Ferriere.

PAYSANS & PAYSANNES.

Monsieur F-Dumoulin.

Messieurs Germain, Javilliers, Malterre, Duval.

Mesdemoiselles Mangot, Duval, Châteauvieux, Brunel.

SECONDE ENTRE'E.

MARINIERS, MARINIERES.

Messieurs Blondy, Marcel, Dumoulin-P., Dangeville,
Pecourt, Malterre.

Mesdemoiselles Prevost & Menés.
Mesdemoiselles Isecq, Dupré, la Ferriere, Haran,
Châteauvieux, Brunel.

TROISIE'ME ENTRE'E.

BAL.

PREMIERE BANDE DE MASQUES.

Messieurs Ferrand, P-Dumoulin, Pecourt, Malterre,
Duval.

Mesdemoiselles Isecq, la Ferierre, Haran, Châteauvieux,
Deseschalier.

SECONDE BANDE DE MASQUES.

Monfieur Blondy.

Meffieurs Marcel , Javilliers, Guyot , Pierret , Rameau.
Mefdemoifelles Menés, Leroy, Dupré, Lemaire, Rameau.

Noms des Acteurs & des Actrices chantans dans tous les Chœurs du Prologue & du Balet.

PREMIER RANG.	SECOND RANG.
Mefdemoifelles	*Mefdemoifelles.*
Le More.	Bourgoüin.
Millon.	Minier.
Pafquier.	Kercoffen.
Limbourg.	Conftance.
Guillet.	Boiffeau.
La Roche.	Veron.
Tettelette.	Gentilhomme.
Meffieurs	*Meffieurs*
Paris.	Le Jeune.
Corbie.	Alexandre.
Lemire-L.	Morand.
Boutron.	Du Boulet.
Dangerville.	Fauffié.
Thomas.	Deshais.
Aubau.	Corail.
Dautreft.	Pofte.
Lambert.	Lebel.
	Dupleffis.

PROLOGUE.

PROLOGUE
DES FESTES
DE L'ÉTÉ.

Le Théatre represente une Campagne, dont les beautez commmencent à se fletrir, le Printemps paroît sur un Char dans une des aîles du Théatre, il est environné d'Amants & d'Amantes qui lui font leur Cour.

SCENE PREMIERE.

LE PRINTEMPS & sa Suite.

CHOEUR.

Regne toujours, doux Printemps;
Tu rends tous les Cœurs contents.

A

PROLOGUE.

LE PRINTEMPS.

Tendres Amants , Troupe fidelle ,
Pour favoriſer vos amours ,
J'ai fait briller les plus beaux jours :
Mais en d'autres Climats la loi du ſort m'appelle.

CHOEUR.

Regne toujours , doux Printemps ;
Tu rends tous les Cœurs contents.

LE PRINTEMPS.

Dans vos regrets je m'intereſſe ,
J'aimerois à remplir vos vœux :
Pour vous rendre toujours heureux ,
Que ne puis-je regner ſans ceſſe !

CHOEUR.

Regne toujours, doux Printemps ;
Tu rends tous les Cœurs contents.

LE PRINTEMPS.

Il faut partir, l'Eté s'avance.

CHOEUR.

Ah ! ne nous ôte pas ton aimable preſence.

LE PRINTEMPS.

Je m'éloigne à regret d'un ſi charmant ſéjour.

CHOEUR.

Il nous quitte! il fuit! il s'envôle!

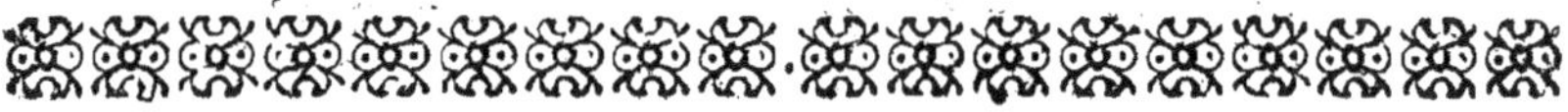

SCENE II.

L'ETE'.

JE viens de mes faveurs, vous combler à mon tour.

CHOEUR.

Il nous quitte! il fuit! il s'envôle!

L'ETE'.

Quoi? rien ne vous confole!

CHOEUR.

Si vous voulez regner, faites regner l'Amour.

L'ETE'.

Au plus puiffant des Dieux, il faut rendre les armes,
Que l'Amour, que Venus ici regne avec moi;
Reine de tous les Cœurs, viens, fais briller tes char-
    mes,
On ne peut être heureux fans toi.

SCENE III.

VENUS, *Troupe d'Amours*, L'E'TE', *Troupe d'Amants & d'Amantes.*

VENUS.

LEs plaintes que je viens d'entendre
M'ont fait abandonner les Cieux.

L'E'TE'.

Faites le bonheur de ces lieux ;
C'est de l'Amour qu'on doit l'attendr .

VENUS.

Je veux qu'au tendre Amour tous les cœurs soient
    soumis,
    Sa gloire me fut toujours chere ;
    Les Victoires du Fils,
    Font le triomphe de la Mere.

Amour, ne cesse point de regner sur les cœurs :
    Que tout ce qui respire,
    Reconnoisse l'Empire
    Du plus aimable des Vainqueurs.

CHOEUR.

Amour, ne cesse point de regner sur les cœurs :

Que tout ce qui respire,
Reconnoisse l'Empire
Du plus aimable des Vainqueurs.

VENUS.

Que ces Prez, que ces Bois conservent leur verdure,
Plaisirs qui me suivez, vôlez de toutes parts ;
Zéphirs enchantez les regards
Par la plus brillante parure ;
Renouvellez ces Fleurs, ranimez ces Gazons,
Montrez à toute la nature
Que l'Amour doit regner dans toutes les Saisons.

*Le Theatre s'embellit, les Plaisirs accourent de toutes parts,
les Zéphirs vôlent & font naître de nouvelles Beautez.*

On danse.

DEUX AMANTES.

Que tour à tour
L'on chante & l'on soupire :
Que tour à tour
L'on chante un si beau jour.
Dans ce séjour
L'Amour tient son Empire :
Avec l'Amour
Tous les Plaisirs font de retour.

PROLOGUE.

UN AMANT & UNE AMANTE.

Dans ces lieux tranquiles
Tout rit à nos vœux :
Ils font les aziles
Des Ris & des Jeux;
Et l'aimable Mere
Du Dieu des Amants,
Doit quitter Cythere
Pour ces lieux charmants.

on danfe.

L'Amour regne en Maître
Sur ces verds Côteaux,
Pour nous il fait naître
Les jours les plus beaux :
La Saifon nouvelle
Ornoit moins nos Champs;
Quand l'Amour s'en mêle,
Tout devient Printemps.

on danfe.

UNE AMANTE.

Nos beaux jours font pour la tendreffe,

Aimons, le tems preſſe :
Qu'attendons-nous ?
Les Plaiſirs nous ſuivrons ſans ceſſe ;
L'Amour ſçait les raſſembler tous.

Nos beaux jours, &c.

Tendre Jeuneſſe,
Que l'Amour bleſſe,
Te plaints-tu de ſes coups?
Rien n'eſt ſi doux.

Nos beaux jours ſont pour la tendreſſe,
Aimons, le tems preſſe :
Qu'attendons-nous ?
Les Plaiſirs nous ſuivrons ſans ceſſe ;
L'Amour ſçait les raſſembler tous.

On danſe.

VENUS.

Pour rendre cette Fête encor plus éclatante ;
Il faut par de nouveaux Concerts,
Celebrer de mon Fils les triomphes divers,
Dans la Saiſon brûlante.
Que l'Aſtre qui donne le Jour,
S'éleve dans ᵃ les Cieux, ou deſcende ᵇ dans l'Onde ;

ᵃ *Le Jour.*   ᵇ *Le Soir.*

^c *La Nuit.*

Qu'il plonge ^c l'Univers dans une Nuit profonde:
Tout eſt favorable à l'Amour.

C H OE U R.

Que l'Aſtre qui donne le Jour,
S'éleve dans les Cieux, ou deſcende dans l'Onde;
Qu'il plonge l'Univers dans une Nuit profonde:
Tout eſt favorable à l'Amour.

Fin du Prologue.

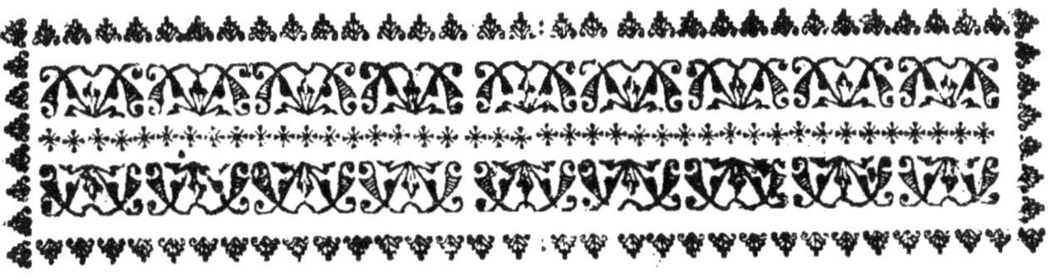

LES JOURS D'ÉTÉ.

PREMIERE ENTRÉE.

Le Théâtre represente un Champ couvert d'Epics;
on découvre le Temple de Cérés.

SCENE PREMIERE.

CLYMENE.

Tous nos Champs sont couverts des Tresors
  de Cérés,
  Ah ! que notre sort a d'attraits !

L'Amour veut que tout soupire
Dans un si charmant séjour;

B

Pour moi je n'y fais que rire,
Des Amants & de l'Amour.
Les beaux jours de la Jeuneſſe
Sont pour les Ris & les Jeux :
Ceux qu'on donne à la tendreſſe
Ne ſont pas les plus heureux.

L'Amour veut, &c.

Sylvie aime Daphnis ; ſa peine eſt ſans égale :
J'entreprendrois en vain de calmer ſes ennuis ;
Elle me prend pour ſa Rivale,
Toute inſenſible que je ſuis.
C'eſt elle-même qui s'avance :
Je veux la punir, ſi je puis,
De ſa jalouſe défiance.

SCENE II.

SYLVIE, CLYMENE.

CLYMENE.

ESt-ce pour cacher vos ſoupirs,
Que vous cherchez la ſolitude ?

SYLVIE.

Ignorez mon inquiétude ;
Je veux ignorer vos plaisirs.

CLYMENE.

Soupçonnez-vous toujours Daphnis d'être volage ?

SYLVIE.

Qui doit le sçavoir mieux que vous ?

CLYMENE.

Vous voyez mon triomphe avec des yeux jaloux ;
Vous regrettez Daphnis ;

SYLVIE.

Un cœur qui se dégage
Ne mérite que mon couroux.

CLYMENE.

Vous l'accusez d'être infidelle ;
Il vous croit volage à son tour :
Ne peut-il pas chercher une chaîne nouvelle,
Quand vous brûlez d'un autre amour ?

Il croit qu'Idas a sçu vous plaire.

SYLVIE.

C'est lui qui le premier rompt un si beau lien.

B ij

L'Ingrat ! que n'avoit-il un cœur comme le mien ?
Il n'auroit point de reproche à me faire.

CLYMENE.

En vain vos cœurs seroient unis.
Vous épousez Idas ;

SYLVIE.

J'obéïs à mon Pere.

CLYMENE.

Et malgré cette loi severe,
Vous brûlez toujours pour Daphnis ?

SYLVIE.

Moi ? j'aimerois encore un Amant si volage !

CLYMENE.

Vous ne l'aimez que trop ;

SYLVIE.

Ce reproche m'outrage.

CLYMENE.

C'est à moi de me plaindre ; on m'apprend qu'en ce
     jour
Cerés avec Daphnis de nouveau vous engage :
De nos riches Moiſſons nous lui devons l'hommage :
C'est vous qu'elle choiſit pour l'offrir avec lui.

SYLVIE.

Ce choix vous cause peu d'ennui.

CLYMENE.

Peut-on aimer sans défiance ?

Les faveurs que l'Amour dispense
N'ont souvent qu'un éclat trompeur ;
Et comment m'assûrer d'un cœur,
Que je ne dois qu'à l'inconstance ?

Daphnis vous a manqué de foi ;
Grace à son changement, il soupire pour moi :
Mais si le repentir à vos pieds le ramene …

SYLVIE.

Non ; je lui jure une éternelle haine.

CLYMENE.

Contre un objet trop charmant
La vangeance n'est pas sûre :
En secret le cœur dément
Tout ce que la bouche jure ;
Le dépit fait le serment,
Un regard fait le parjure.

Adieu ; pour votre gloire où je dois prendre part,
Evitez avec soin ce dangereux regard.

SCENE III.

SYLVIE.

LA Cruelle ! en partant, quels mépris elle étale !
Elle rit du choix de Cerés :
Et c'eſt en heureuſe Rivalle,
Qu'elle joüit de mes regrets.

Amour, ne prétend pas que je t'écoute encore ;
Va, fuis, trop funeſte Vainqueur.
Mais, comment ſurmonter un penchant trop flateur ?
Echos, témoins ſecrets du feu qui me dévore,
N'allez pas découvrir à l'Ingrat que j'adore
Qu'il regne toujours dans mon cœur :
Ah ! plûtôt, s'il ſe peut, qu'à jamais il ignore
Et ſon triomphe & ma langueur ;
Amour, ne prétends pas que je t'écoute encore ;
Va, fuis, trop funeſte Vainqueur.

On entend une douce Symphonie.
Et Sylvie continuë.

Mais tout parle d'amour dans ce riant Boccage.
Des Oyſeaux le tendre ramage
Eſt repeté par les Echos.

Sur ce gazon , fous cet ombrage ,
Joüiffons un moment des douceurs du repos ,
Que m'a fait perdre mon Volage.

SCENE IV.

DAPHNIS, SYLVIE *endormie.*

DAPHNIS.

JE porte vainement mes yeux de toutes parts ;
De Sylvie en ces lieux la voix s'eft fait entendre ,
Et rien ne l'offre à mes regards :
Fatale erreur d'un cœur trop tendre !
Malgré fes perfides amours ,
Je crois la voir fans ceffe , & l'entendre toujours.
Ah ! faut-il encor que je l'aime !
Je l'apperçois ; c'eft elle-même.

SYLVIE *à demie éveillée.*

Daphnis !

DAPHNIS.

C'eft mon nom que j'entends !
Approchons ; quel effroi ! je vais apprendre d'elle ,
L'aveu de fes feux inconftants.

SYLVIE.

Daphnis, ah ! que n'es-tu fidele ?

DAPHNIS.

Ciel ! quel regret ! ceſſons d'être allarmé ;
On m'accuſe ; je ſuis aimé.

SYLVIE *ſans appercevoir Daphnis.*

Va ; n'eſpere jamais que mon cœur te pardonne,
C'eſt trop aimer qui m'abandonne :

Elle l'apperçoit.

Que vois-je ? Daphnis en ces lieux !
Fuyons.

DAPHNIS.

Demeurez, ma Bergere.

SYLVIE.

Moi, ta Bergere ? helas ! je ne te ſuis plus chere :
Une autre regne dans ton cœur ;
Ingrat, reconnois ton erreur ;
Perfide, ouvre les yeux, je ne ſuis point Clymene.

DAPHNIS.

Quand j'ai feint de porter ſa chaîne,
J'ai cru que votre cœur ſuivoit une autre loi.

SYLVIE.

Non, votre cœur n'eſt plus à moi.

DAPHNIS.

DAPHNIS.

Vous êtes tout ce que j'adore.

SYLVIE.

Auriez-vous la rigueur de me tromper encore?

DAPHNIS.

Non, je n'ai point trahi ma foi;
L'Amour jaloux m'avoit trompez moi-même.

SYLVIE.

Deviez-vous soupçonner mon cœur de trahison?

DAPHNIS.

Ah! prêt de perdre ce qu'on aime,
Peut-on conserver sa raison?

SYLVIE.

Vous avez offensé ma gloire.

DAPHNIS.

Au nom des tendres nœuds dont nos cœurs sont
liez,
Si je fus criminel, perdez-en la mémoire;
Ou je vais de douleur expirer à vos pieds.

SYLVIE.

Vous m'aimez, & j'aime à le croire,
Tous vos crimes sont oubliez.

DAPHNIS.

Que mon sort est charmant!

SYLVIE.

Que nous sommes à plaindre!

C *

Ah ! cher Daphnis, oubliez-vous
Qu'Idas doit être mon Epoux ?
Mon Pere l'a choifi ; nous avons tout à craindre.

DAPHNIS.

Idas, fur moi l'emporte, en Moiffo ns, en Troupeaux;
Ambitieux defirs que rien ne peut éteindre,
Faut-il que vous regniez jufques dans nos Hameaux?

ENSEMBLE.

Fortune à d'autres yeux fais briller tes largeffes,
Nous comptons tes faveurs pour rien :
Loin de nous, l'éclat des richeffes :
L'Amour eft notre unique bien.

DAPHNIS.

Obtenons qu'en ce jour, Cerés nous favorife :
Pour ordonner les Jeux c'eft nous qu'elle a nommez.

ENSEMBLE.

Cerés, tendre Cerés, fouffrirez-vous qu'on brife
Les plus beaux nœuds que l'Amour ait formez ?

On entend un bruit de Haut bois.

DAPHNIS.

Pour commencer la Fête, on vient ici fe rendre ;
Ces Haut-bois me le font entendre.

SCENE VI.

DAPHNIS, SYLVIE, CLYMENE;

Troupe de Bergers & de Bergeres, de Moissonneurs
& de Moissonneuses.

DAPHNIS & SYLVIE.

Favorable Cerés, sur nos champs fortunez,
    Jette toujours des yeux propices;
    O Cerés! reçoi les premices
Des fruits que tu nous as donnez.

On voit descendre la Déesse dans son char.

LE CHOEUR.

La Déesse descend; Ciel! quel bonheur extrême!
Cerés vient à nos Jeux présider elle-même.

DAPHNIS & SYLVIE *presentant une*
Couronne d'Epics à Cerés.

Digne Objet de l'Amour du plus puissant des Dieux,
    A regner toujours dans ces lieux,
    Ce juste tribut vous engage.

De nos cœurs empreffez , puiffe le tendre hommage
     Etre encor plus cher à vos yeux.

     CERE'S *à Sylvie & à Daphnis.*

Dans mon Temple facré , portez cette Couronne,
Je veux recompenfer par mes plus doux bienfaits,
     Le zele ardent qui me la donne ,
     Et vous rendre heureux à jamais.

     A tous les Bergers.

Que tout foit attentif à ma loi fouveraine.
C'eft Cerés qui protege, & Sylvie & Daphnis;
J'ordonne qu'aujourd'hui, d'une éternelle chaîne
     Ces tendres Amans foient unis.

     DAPHNIS.

Ciel ! par quelle reconnoiffance !...

     CHOEUR.

     Qu'une profonde obéïffance
Envers Cerés nous acquitte en ce jour;
     Elle fait regner l'Abondance,
     Elle fait triompher l'Amour.

C E R E' S.

Je vais partir de ces Retraites,
Pour combler de nouveaux defirs ;
Chantez fur les Haut-bois, chantez fur les Mufettes,
Et mes Bienfaits & vos Plaifirs.

C E R E's *fe retire. Et le Chœur chante.*

Cerés dans ces belles Retraites
A comblé nos plus chers defirs ;
Chantons fur les Haut-bois, chantons fur les Mufettes,
Et fes Bienfaits & nos Plaifirs.

UNE MOISSONNEUSE.

Chantons tous : Cerés l'ordonne ;
Celebrons un fi beau jour.
Dans ce fortuné féjour
C'eft peu des biens qu'elle nous donne :
Elle veut que l'on moiffonne
Dans les champs du tendre Amour.

On danfe.

UNE MOISSONNEUSE.

Que l'Amour eft plein de charmes ,
Et qu'il flatte nos defirs !

C iij

Il exige des soupirs,
Il veut qu'on sente des allarmes :
Mais pour prix de quelques larmes,
Qu'on moissonne de plaisirs !

On danse.

CHOEUR.

Celebrons, chantons tous,
Le bonheur le plus doux :
Et vous Echos des Bois
Répondez à nos voix.

On reprend le Chœur.

Fin de la premiere Entrée.

LES SOIRÉES D'ÉTÉ.

SECONDE ENTRÉE.

Le Théatre represente les Rives de la Seine; on voit le Soleil prêt à se coucher.

SCENE PREMIERE.

ARGANTE, ZERBIN.

ZERBIN.

'Où vient qu'avec tant de secret
Une Barque ici se prépare ?
Expliquez - vous ; je suis discret ;
Quel mystere ?...

ARGANTE.

Il eſt tems·que je te le déclare ;
Mais lorſque mon cœur s'ouvre à toi,
Zerbin , ſonge à ton tour à me garder ta foi.

ZERBIN.

Vous pouvez compter ſur mon zele.

ARGANTE.

Tu ſçais que j'ai conduit Hortenſe dans ces lieux.

ZERBIN.

Sans trop paroître curieux,
D'où vient ce nouveau ſoin que vous prenez pour
elle ?
J'y crois entrevoir de l'amour :
Cependant , ſous les loix d'une autre tutelle
Elle a gémi juſqu'à ce jour.

ARGANTE.

Ce n'eſt qu'à mon amour extrême
Qu'il faut imputer ma rigueur;
Je crains qu'un trop heureux vainqueur
Ne s'empare de ce que j'aime :
Je défen⟨ds⟩ l'approche d'un cœur
Que je veux garder pour moi-même.

ZERBIN.

ZERBIN.

Croyez-vous qu'on daigne à son tour
Répondre à l'ardeur qui vous presse?
Vous avez vêcu plus d'un jour.
On peut chez la froide vieillesse,
Prendre des leçons de sagesse :
Mais jamais des leçons d'amour.

ARGANTE.

Pour un cœur que rien n'engage
Tout Epoux doit être égal;
Et l'on peut plaire à tout âge
Quand on n'a point de Rival.

ZERBIN.

Hortense est sur le point de sortir d'esclavage,
Et bien-tôt de vos soins vous perdrez tout le fruit.

ARGANTE.

Pour la derniere fois elle voit ce rivage.

ZERBIN.

Quoi?...

ARGANTE.

Pour l'en éloigner, je n'attends que la nuit.

ZERBIN.

O Ciel!...

D

ARGANTE.

Parents, Amis, contre moi tout confpire,
  Et Lifis en fecret foupire,
  C'eft trop expofer tant d'appas :
Cachons-les dans des lieux foumis à ma puiffance;
  Tout eft prêt; mais je vois Hortenfe :
Ne la contraignons point: toi , ne me trahis pas.

SCENE II.

HORTENSE, DORIS.

DORIS.

Tout ce que vous voyez a dequoi vous furpren-
  dre.

HORTENSE.

Je regarde par tout & ne fais qu'admirer;
Mais en foule en ces lieux pourquoi vient-on fe
  rendre ?

DORIS.

C'eft pour voir & pour fe montrer.

HORTENSE.

Pour fe montrer ?...c'eft à vous de m'inftruire,
Hé! pourquoi fe montrer ?

DORIS.
Pour donner de l'Amour.

HORTENSE.
Et cet amour, Doris, quel bien peut-il produire ?

DORIS.
Vous l'éprouverez quelque jour.
Lifis à vos yeux va paroître...
Vous n'interrogez plus !

HORTENSE.
Je ne veux rien fçavoir.

DORIS.
Quoi ? déja fes regards vous ont-ils fait connoître
Qu'il eft dangereux de le voir ?

HORTENSE.
Ah ! qu'il laiffe regner le calme dans mon ame :
Je le veux fuir.

DORIS.
Raffurez-vous :
L'aveu de vos Parents autorife fa flâme ;
Il veut devenir votre Epoux.

HORTENSE.
Argante y confent-il ?

DORIS.

N'osez-vous de vous-même
Faire un choix qui flate vos vœux ?

HORTENSE.

Pour faire un choix, on dit qu'il faut qu'on aime ;
Et qu'on ne peut aimer fans être malheureux.

DORIS.

A ces leçons je reconnois Argante.

HORTENSE.

L'Amour, fi je l'en crois, eft un fatal poifon,
Qui trouble le repos, & féduit la raifon.

DORIS *appercevant Lifis.*

Sous une image plus charmante,
Lifis vient l'offrir à vos yeux.

HORTENSE.

Il approche, ah ! quittons ces lieux :
Le feul nom d'Amant m'épouvante,

SCENE. III.

LISIS, HORTENSE, DORIS.

LISIS.

HOrtenſe, belle Hortenſe, où portez-vous vos
pas ?

HORTENSE.

Non, Liſis, ne m'arrêtez pas.

LISIS.

Quel injuſte courroux contre moi vous anime ?

HORTENSE.

On dit que vous m'aimez.

LISIS.

M'en faites-vous en crime ?
Hortenſe, belle Hortenſe, où portez-vous vos pas ?

HORTENSE.

Non, Liſis, ne m'arrêtez pas.

Je fuis les maux que l'Amour cauſe ;
Tous vos ſoins doivent m'allarmer :
On m'a trop dit à quoi s'expoſe
Un jeune cœur qui veut aimer.

LISIS.

Quoi ? vous m'ôteriez l'esperance ,
De vous voir répondre à mes feux !

HORTENSE.

L'Amour est un mal dangereux,
    Laissez-moi mon indifference.

LISIS.

Non ; rien n'est si doux que l'Amour ;
Rien n'a plus d'atraits que ses flâmes ;
Sans l'espoir même du retour,
Il sçait l'art d'enchanter nos ames ;
Ah ! pour être à jamais charmé,
Il faut seulement que l'on aime ;
Quel plaisir ! quel bonheur suprême
    D'aimer & d'être aimé !

HORTENSE.

Qu'entens-je ? quel nouveau langage !
Argante de l'amour, m'a fait une autre image.

Il le peint si cruel ; vous le peignez si doux ;
    Je ne sçais qui de vous m'abuse :
Mais je sens en secret que c'est lui que j'accuse ;
Et si j'en crois mon cœur, je m'en rapporte à vous.

LISIS.

Quoi ? je puis efperer que mon amour vous touche.

HORTENSE.

Au feul nom de l'Amour, d'où vient qu'on m'effa-
rouche?
Eſt-il toujours riant, aimable, gracieux?
Tel que l'annonce votre bouche?
Et tel qu'il paroît dans vos yeux?

LISIS.

Que ne m'a-t'il prêté tout ce qu'il a de charmes
Pour forcer votre cœur à lui rendre les armes?

HORTENSE.

Ah ! pour me garantir de fon fatal pouvoir;
Il faut ceſſer de vous entendre,
Et fur-tout ceſſer de vous voir.
Retirons-nous, Doris.

LISIS.

Quoi ? fans daigner m'apprendre
Si mes feux...

DORIS.

C'eſt à tort que votre amour fe plaint,

LISIS.

Elle me fuit.

DORIS.

Elle vous craint,
Elle n'eſt pas loin de ſe rendre.
Mais les diſcours ſont ſuperflus;
Songeons à prévenir le ſort qui vous menace;
Hortenſe, aux yeux de votre Argus
Pour la premiere fois vous avez trouvé grace;
Les droits qu'il a ſur vous ſont encore abſolus;
Peut-être il vous prépare une éternelle abſence?

LISIS & HORTENSE.

Hé! quoi? nous ne nous verrions plus!

DORIS.

Zerbin eſt dans ſa confidence;
Il m'aime, & ſi je veux lui donner quelque eſpoir,
Par lui je pourrai tout ſçavoir :
Mais en ces lieux chacun s'avance;
Eloignez-vous; je vais chercher Zerbin,
Pour apprendre votre deſtin.

SCENE IV.

SCENE IV.

TROUPE D'HABITANS
des Rives de la Seine.

CHOEUR.

L'Amour va conduire en ces lieux
Toutes les Beautez qu'il enchaîne:
Aimables Rives de la Seine,
Que vous brillerez à nos yeux!

Le Soleil se couche.

On reprend le Chœur.

E

SCENE V.

ZERBIN, DORIS.

DORIS.

HE'! quoi? Zerbin est de la Fête?

ZERBIN.

Crois-tu que les Plaisirs ne soient faits que pour toi?

DORIS.

Je te soupçonnerois d'un dessein de Conquête,
Si tu pouvois brûler pour d'autres que pour moi.

ZERBIN.

Hé! pourquoi d'une ardeur nouvelle,
Ne puis-je pas être enflâmé?
Dois-je garder un cœur fidele
A qui ne m'a jamais aimé?

DORIS.

Sur une trompeuse apparence
Tu m'accusois d'indifference,
Lorsqu'en secret pour toi je brûlois à mon tour;

Tu connois mal le cœur des Belles :
Plus Elles reffentent d'amour,
Et plus Elles font les cruelles.

ZERBIN.

Non, non, je ne m'y trompe pas :
La vanité flate les Belles ;
Et l'on pique les plus cruelles
Dés qu'on néglige leurs appas ;
Quand je te fuis, tu me r'appelles :
Si je reviens, tu me fuiras.

DORIS.

Zerbin, n'en doute plus, mon amour eft fincere.

Quand l'amour eft encor naiffant,
    Il n'en coute guere
    D'en faire un myftere ;
Mais lorfqu'il devient trop puiffant
    Non, la plus fevere
    Ne fçauroit plus taire
    Les feux qu'elle fent.

Tu vois que de fes feux mon cœur n'eft plus le
maître.

ZERBIN.

Par ce secret à ton cœur échappé,
L'espoir dans le mien doit renaître.
Doris, tu m'abuses peut-être ;
Mais on est aisement trompé,
Quand on se plaît à l'être.
Adieu.

DORIS.

Quoi ? me quitter si-tôt !

ZERBIN.

C'est à regret ; mais il le faut.

DORIS.

Réponds mieux à l'amour que je te fais connoître ;
Tu me vois, je te vois ; goûtons ce doux plaisir.

ZERBIN.

Bien-tôt, grace au soin de mon Maître,
Nous nous verrons tout à loisir.

DORIS.

Tout à loisir ! que veux-tu dire ?

ZERBIN.

Le reste de ce jour, je veux être discret ;
Demain tu sçauras mon secret.

DORIS.

Non ; je veux tout fçavoir, fans tarder davantage ;
Parle, de ton fecret, ma main fera le prix ;
Cher Zerbin.

ZERBIN.

Ah ! je m'attendris :
Je crains qu'à trop parler mon amour ne m'engage ;
Fuyons...

DORIS.

Demeure.

ZERBIN.

Adieu, Doris.

DORIS.

Il fuit ; fuivons fes pas, achevons mon ouvrage,
Et ne le quittons point qu'il ne m'ait tout appris.

SCENE VI.

TROUPE D'HABITANS *des Rives de la Seine,*
de Mariniers & de Marinieres.

GRAND CHOEUR.

ASfemblons-nous fur ces Rivages :
Vents qui fufcitez les Orages,
Ne venez point troubler nos Jeux.

PETIT CHOEUR.
Que le calme le plus heureux
Regne fur les Eaux de la Seine ;
Qu'on ne refpire ici que la plus douce haleine
Des Zephirs amoureux.

GRAND CHOEUR.
Affemblons-nous fur ces Rivages :
Vents qui fufcitez les Orages,
Ne venez point troubler nos Jeux.

On danfe.

DORIS.
Flambeau des Cieux,
Pour braver ton ardeur brûlante,
Nous cherchons ces aimables lieux.
Tout nous enchante
Dans ce Séjour,
Le Dieu d'Amour
Y tient fa Cour.
Jeunes Zephirs,
Vous y formez d'amoureux defirs,
On croit entendre vos foupirs ;
L'Onde murmure doucement,
Et femble plaindre fon tourment :
Tout defire,
Tout foupire,
Tout s'exprime tendrement.

DE L'E'TE', BALET.

La Lune se leve dans sa pleneur.
On danse.

DORIS.

Un nouvel Astre à nos Jeux est propice :
Que de sa gloire ici tout retentisse.

Dés que sous l'humide séjour
Le Soleil cache sa lumiere ,
Vous commencez votre carriere.
Nous vous voyons à votre tour
Triompher de la nuit obscure :
Vous dédommagez la nature
De l'absence du Dieu du Jour.
On danse.

DEUX HABITANS *des Rives de la Seine.*

Les beaux jours
Ne durent guere ;
Les beaux jours
Semblent trop courts.
Le Tems vôle d'une aîle legere ;
Doux Plaisirs, vous pressez son cours.
On danse.

Deuxiéme Couplet.
Suis les Jeux,
Tendre Jeunesse ;
Suis les Jeux,
Quand tu le peux ;

Voi ces flots qui s'écoulent sans cesse,
Tes beaux jours vont passer comme eux.

On danse.

DEUX HABITANS *des Rives de la Seine.*

L'Amour sur ce Rivage
Fait naître mille ardeurs ;
Qu'il fait un doux ravage !
Qu'il a d'attraits vainqueurs !

CHOEUR.
L'Amour, &c.

Remportez la Victoire
Dieu charmant, pour votre gloire
Triomphez de tous les Cœurs.

CHOEUR.
L'Amour, &c.

Embrasez jusqu'au sein des Eaux ;
Sous vos loix que tout s'engage,
Lancez des feux nouveaux.

CHOEUR.
L'Amour, &c.

SCENE VII.

SCENE VII.

LISIS, HORTENSE, DORIS.

DORIS *à Hortense*.

C'Eſt trop vous allarmer, je réponds de Zerbin,
        Pour Liſis il trahit ſon Maître,
Et pour prix de ſes ſoins je lui donne ma main ;
Il doit ſe rendre ici.

HORTENSE.

        Ciel ! qu'il tarde à paroître !
    Argante peut le prévenir.
Liſis, ſi je vous perds, que vais-je devenir ?
L'Amour à vous entendre étoit ſi plein de charmes ;
Cependant, vous voyez mes mortelles allarmes.

LISIS.

Puis-je trop de l'Amour vous vanter les appas,
        Aprés l'aveu que vous me faites ?
        Sans lui je ne joüiros pas
    Du trouble charmant où vous êtes.

HORTENSE.

Mais, Zerbin, ne vient point.

DORIS.

            Calmez ce vain effroi ;
    C'eſt lui - même que j'apperçoi.

F

SCENE VIII.

LISIS, HORTENSE, ZERBIN, DORIS.

ZERBIN.

TEndres Amants, la Barque eſt prête;
J'ai trompé les yeux du Jaloux;
Venez; c'eſt à l'Amour à couronner la Fête;
Embarquons-nous.

TOUS QUATRE.

Allons; c'eſt à l'Amour à couronner la Fête;
Embarquons-nous.

SCENE IX.

ARGANTE, *& les Acteurs de la Scene précedente.*

ARGANTE.

TOut répond à mon eſperance...,
Mais quel objet frappe mes yeux !

LISIS.

Hâtons-nous; partons de ces lieux.

ARGANTE.

Arrête. Et toi cruelle Hortenſe,
Eſt-ce là ta reconnoiſſance ?
Ai-je pour un Rival élevé ta Beauté ?
Quel prix de tant d'amour ! quel fruit de tant de
peines !

HORTENSE ET LISIS.

L'Amour {lui / me} préparoit des chaînes;

L'Amour {lui / me} rend la liberté.

TOUS QUATRE.

Liberté, liberté.

ARGANTE.

Ils ſont déja loin du Rivage;
Ah ! je m'abandonne à ma rage.

Fin de la ſeconde Entrée.

LES NUITS D'ÉTÉ.

TROISIÉME ENTRÉE.

*Le Théatre represente les Allées du Cours éclairées
pour une Fête Nocturne.*

SCENE PREMIERE.

VALERE *en Habit de Ville.*

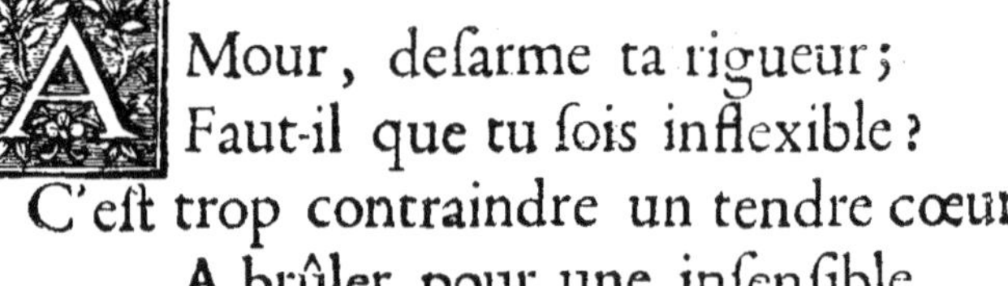

Mour, desarme ta rigueur ;
Faut-il que tu sois inflexible ?
C'est trop contraindre un tendre cœur
A brûler pour une insensible.

SCENE II.

OCTAVE & VALERE *en Habits de Ville,*
BELISE & LUCINDE *déguisées,*
tenant leurs Masques à la main.

BELISE *à Valere.*

D'Où vient, que loin de nous, vo s détournez
　　　vos pas ?
Portez-vous vos chagrins jusqu'au milieu des Fêtes,
Vous rêvez ?

VALERE.

Je rêve aux Conquêtes
　　Que l'Amour offre à vos appas.
A vous faire la cour en tous lieux on s'empresse.

BELISE.

Les hommages que je reçois
Font honneur à votre tendresse ;
C'est applaudir à votre choix ;
Que de servir votre Maîtresse.

VALERE.

Quoi ? rien ne peut fixer votre volage humeur !

BELISE.

Non, je n'aime que vous & vous devez m'en croire.

Quand je puis d'un regard vainqueur,
Faire naître quelqu'autre ardeur;
Sans reſſentir d'amour , je joüis de ma gloire :
Le triomphe flate mon cœur;
Mais je néglige la victoire.

VALERE.

Triomphez , j'y conſens ; dans mille tendres ſoins
Cherchez une gloire nouvelle :
Mais ne prétendez pas , Cruelle,
Que mes yeux en ſoient les témoins.
Adieu.

BELISE.

Vous me quittez !

VALERE.

Ma préſence vous gêne.

OCTAVE.

Valere , que fais-tu ?

VALERE.

Je fuis une inhumaine.

OCTAVE *à Lucinde.*

Je vais ſuivre ſes pas , ſon ſort me fait pitié.

LUCINDE.

Demeurez.

OCTAVE.

Il nous quitte.

LUCINDE.

Hé bien, que vous importe ?
Quoi ? se peut-il que l'amitié
Sur le plus tendre amour l'emporte ?
Vous balancez encor ! ah ! c'est trop m'outrager !

BELISE.

Laissons-là ces Amis fideles,
Nous pourrons nous dédommager
Par quelques Conquêtes nouvelles.

LUCINDE *à Octave.*

Craignez-tout, je puis me vanger.

SCENE III.

VALERE, OCTAVE.

VALERE.

Laisse-moi seul, fuis ta Maîtresse ;
Cesse de t'attacher à moi.

OCTAVE.

Je vois à quel péril je m'expose pour toi ;
Mais dans ce trouble affreux, veux-tu que je te laisse ?

VALERE.

Ton amitié peut nuire à ta tendresse.

OCTAVE.

J'aime Lucinde, & je ne voudrois pas ,
Qu'elle fit choix d'un autre chaîne.

VALERE.

Je puis finir ton embarras,
Et calmer ma mortelle peine.
Viens, tu n'as qu'à suivre mes pas.

OCTAVE.

Que prétens-tu ?

VALERE.

Ce lieu nous favorise,
Il faut sous des traits empruntez,
Eprouver Lucinde & Belise.

OCTAVE.

Par un mensonge adroit que le Masque autorise,
On découvre souvent d'étranges véritez :
N'importe, tentons l'entreprise ;
Mais n'est-ce point trop tard ?

VALERE.

Nous n'irons pas bien loin.
Viens, tout est prêt, j'en ai pris soin.

SCENE IV.

SCENE IV.

TROUPE DE MASQUES *de divers caracteres.*

ENTRE'E DE MASQUES.

CHOEUR.

ACcourez, brillante Jeuneſſe,
L'Amour vous appelle en ces lieux;
Suivez le plus charmant des Dieux,
Dans vos plaiſirs il s'intereſſe;
Accourez brillante Jeuneſſe,
L'Amour vous appelle en ces lieux.

SCENE V.

VALERE & BELISE *maſquez.*

BELISE *ſans connoître Valere.*

VOus me ſuivez par tout avec empreſſement.

VALERE.

Ceſſez de fuir un tendre Amant;
Permettez que mon cœur s'attache
A tout ce que l'Amour a fait de plus charmant.

BELISE.

A vos regards avec ſoin je me cache;
Vous ignorez encor ſi j'ai quelques attraits,
Et pour moi votre cœur ſoûpire!

VALERE.

Vos appas, ſur mon cœur, n'ont pris que trop d'empire,   G

Votre masque un moment, m'a laissé voir vos traits;
        Ce seul moment me doit suffire,
        Pour ne les oublier jamais.
                BELISE.
        Ah ! puisque vous me croyez belle,
        Il faut vous laisser votre erreur.

                VALERE.
        Recevez l'hommage d'un cœur
        Qui vous sera toujours fidele.
                BELISE.
        Cet hommage flate mes vœux.
                VALERE.
Quoi ?... je puis esperer qu'on réponde à mes vœux !
                BELISE.
        Je me fais un plaisir extrême
        Des feux que je puis allumer ;
        Je n'empêche pas que l'on m'aime ;
        Mais je ne réponds pas d'aimer.
                VALERE.
De quelque Amant secret vous recevez l'hommage,
                BELISE.
        Il en est un que je prefere à tous ;
Sous les loix de l'Amour, c'est lui seul qui m'engage:
        S'il pouvoit être moins jaloux,
        Je l'en aimerois davantage.
                VALERE.
Il est jaloux ! eh bien ; punissez cet outrage,
Je m'offre à vous vanger.

BELISE.

Je ne puis le trahir;
Non, malgré toute ma colere,
Je sens trop que mon cœur ne sçauroit le haïr.

VALERE.

Je ne veux songer qu'à vous plaire;
Si la liberté vous est chere,
Mon cœur sur vos desirs reglera tous ses vœux.

BELISE.

Hélas!

VALERE.

Vous soupirez?

BELISE.

Que n'êtes-vous Valere!
Mon destin seroit trop heureux.

VALERE *se démasquant.*

Ah! ç'en est trop; il n'est plus tems de feindre.

BELISE.

Que vois-je?

VALERE.

Vous voyez un coupable soumis.

BELISE.

Ciel! quel crime nouveau!

VALERE.

Cessez de vous en plaindre;
L'Amour seul les a tous commis.

BELISE.

De vos soupçons, jaloux n'ai-je plus rien à craindre,

VALERE.

Non ; je ne veux plus vous contraindre ;
Je tiendrai ce que j'ai promis.
Mais Lucinde en couroux remplit mon cœur de
crainte.

BELISE.

Lucinde ! quel est cet effroi ?

VALERE.

Je crains que mon ami dans une même feinte,
N'ait pas le même sort que moi.
Epargnons-lui des maux dont je serois la cause ;
A l'objet de ses vœux révellons son secret :
Dans le péril où je l'expose,
C'est le servir qu'être indiscret.

SCENE VI.

CHOEUR.

Accourez, brillante Jeunesse,
L'Amour vous appelle en ces lieux ;
Suivez le plus charmant des Dieux,
Dans vos plaisirs il s'interesse,
Accourez, brillante Jeunesse,
L'Amour vous appelle en ces lieux.

SCENE VII.
OCTAVE, LUCINDE.

OCTAVE *à part.*

LUcinde vient… feignons de foupirer pour elle ;
Dans des liens nouveaux tâchons de l'engager,
Et voyons fi fon cœur ofera fe vanger
Jufqu'à devenir infidele.

A Lucinde.

Au milieu des Plaifirs, des Jeux & des Amans
Vous êtes trifte & folitaire !

LUCINDE.

C'eft aux Beautez qui fe piquent de plaire,
A profiter de ces heureux moments.

OCTAVE *la priant d'ôter fon mafque.*

Si ce mafque importun nous laiffoit voir vos charmes,
Il oferoit vous démentir.

LUCINDE.

Non, je n'y dois pas confentir.

OCTAVE.

Craignez-vous que mon cœur ne vous rende les armes ?

LUCINDE.

Laiffez ce mafque officieux,
En vous cachant mes traits, il prend foin de ma gloire.

G iij

OCTAVE.

Il me laiſſe entrevoir des yeux
Accoutumez à la victoire.

LUCINDE.

Mon trifte cœur jufqu'à ce jour
S'eft flaté vainement d'une douce efperance ;
Ces yeux où brille tant d'amour,
N'infpirent que l'indifference.

OCTAVE.

Non, mon cœur ne me trompe pas :
Il annonce à mes yeux l'Objet le plus aimable.

LUCINDE *ſe démaſquant.*

Votre cœur m'eft trop favorable,
Il faut le détromper…

OCTAVE.

Jufte Ciel ! que d'appas !
Non, mes yeux n'ont rien vû qui vous ſoit compara-
ble.

LUCINDE.

Si j'en croyois ce doux tranfport
Je ne me plaindrois plus des rigueurs de mon fort.

OCTAVE.

Jamais ardeur ne fut plus belle.

LUCINDE.

Et bien vous méritez qu'elle ſoit mutuelle.

OCTAVE.

Quoi ? sans me voir… mon bonheur est si grand ,
Que je n'ose encor y prétendre.

LUCINDE.

J'aime à regner sur un cœur tendre ,
Pour punir un Indifferent.

En amour je ne veux connoître
Qu'un cœur qui se laisse enflâmer.
La tendresse que je fais naître ;
Est pour moi la raison d'aimer.

OCTAVE *se démasquant.*

Ciel ! qu'entens-je ? il est tems de rompre le silence ;
Voyez qui vous aimez & qui vous trahissez.

LUCINDE.

Que vois-je ? Octave !

OCTAVE.

Ingrate ! rougissez
De l'Amour , & de l'Inconstance.

LUCINDE.

Il est vrai, je vous fais une mortelle offense ;
Mais pour la bien sentir vous n'aimez pas assez.

OCTAVE.

Je n'aime pas aſſez ! cruelle !

LUCINDE.

J'étois prête à brûler d'une flâme nouvelle ,
Pourquoi, vous plaignez-vous d'un ſi juſte retour ?
Vous n'aviez pas aſſez d'amour
Pour meriter un cœur fidele.

OCTAVE.

Ah ! ce nouvel outrage augmente mon couroux,

LUCINDE.

Que cet emportement m'eſt doux !

OCTAVE.

Recevoir d'autres vœux !

LUCINDE.

Mon bonheur eſt extrême.
Vous êtes devenu jaloux ;
Je vois que vous m'aimez autant que je vous aime.

OCTAVE.

Que dites-vous ?

LUCINDE.

Valere que je voi ,
Vous l'expliquera mieux que moi.

SCENE VIII.

SCENE VIII.

OCTAVE, LUCINDE, VALERE, BELISE.

VALERE à *Octave*.

DE ton déguifement, Lucinde étoit inftruite,
Pardonne à ton Ami cette infidelité ;
Tantôt quand elle t'a quitté,
J'ai vû fon fier dépit, & j'en ai craint la fuite.

BELISE.

De tous nos differents perdons le fouvenir,
Et fongeons à nous mieux unir.
Octave, imitez-moi ; calmez votre colere.

OCTAVE.

Oublions tout puifqu'il le faut.

LUCINDE.

Non, non, fi vous voulez me plaire,
Ne me pardonnez pas fi-tôt.

TOUS QUATRE.

Pour former les plus douces chaînes

H

Ne contraignons plus nos défirs;
L'Amour n'offre que des plaifirs,
Les Amants font toutes leurs peines.

SCENE DERNIERE.

TROUPE DE MASQUES.

CHOEUR.

O L'aimable féjour! ô la charmante Fête!
L'Amour nous fait vôler de Conquête en Conquête,
Et la nuit à fon tour favorife nos vœux.
Rions, chantons, danfons ; que la brillante Aurore
A fon retour nous trouve encore
Parmi les Plaifirs & les Jeux.

On danfe.

UN MASQUE.

Dieu propice aux tendres Amants,
Triomphe, regne dans nos ames ;
Lance tes traits les plus charmants,
Et répands tes plus douces flâmes.
Tout vôle au-devant de tes coups :
Amour, Acheve ta victoire :

Que les Dieux même soient jaloux
De nos Plaisirs & de ta Gloire :

Dieu propice, &c.

On danse.

UN MASQUE.

Pour vivre heureux,
Portons de douces chaînes :
Pour vivre heureux,
Formons d'aimables nœuds.
Commençons par les soupirs :
Que l'espoir des plaisirs
Soulage nos peines.
Commençons par les soupirs :
Que l'espoir des plaisirs
Enflâme nos desirs.

On danse.

DEUX MASQUES.

O Nuit, prolonge ton cours :
Rends nos plaisirs plus durables,
Sous tes voiles favorables

Cache nos tendres amours;
Tes Ombres sont préferables
A l'éclat des beaux jours.

On danse.

UN MASQUE.

C'est dans ces lieux,
Que l'Amour emprunte un doux langage :
C'est dans ces lieux,
Que l'Amour s'exprime par les yeux :
Est-il Vainqueur ?
Un seul regard trahit la plus sage :
Est-il Vainqueur ?
Un seul regard démasque un cœur.

On danse.

CHOEUR.

Quelle Nuit est plus charmante !
Le Jour même a bien moins d'appas.
Tout nous plaît, tout nous enchante ;
Les Ris & les Jeux vôlent sur nos pas ;
Tout répond à notre attente :

L'Amour qui nous fuit, nous dit tout bas :
Du plaifir qui fe prefente,
Malheureux qui ne profite pas.

TROIS MASQUES.

PREMIER MASQUE.

Sans l'Amour rien ne peut plaire ;
Dans la Nuit
Son flambeau nous éclaire.
Sans l'Amour rien ne peut plaire ;
Dans la Nuit
Son flambeau nous conduit.

CHOEUR.

Sans l'Amour, &c.

2e. MASQUE.

Que l'on danfe,
Que l'on recommence ;
Rattrappons le Plaifir qui s'enfuit.

CHOEUR.

Sans l'Amour, &c.

H iij

3e. M A S Q U E.

Que fans cesse
L'on s'empresse,
Ranimons nos Jeux ; l'Amour nous suit.

C H OE U R.

Sans l'Amour rien ne peut plaire,
Dans la Nuit
Son flambeau nous éclaire.
Sans l'Amour rien ne peut plaire,
Dans la Nuit
Son flambeau nous conduit.

F I N.

A P P R O B A T I O N.

J'AI lû par ordre de Monseigneur le Chancelier, *Les Fêtes de l'Eté, Balet*; & j'ai cru que l'Impression en seroit agréable au Public. Fait à Paris ce premier Juin 1716.
Signé DANCHET.

A PARIS. De l'Imprimerie de LAMESLE, ruë du Foin. 1716.

PRIVILEGE DU ROY.

LOUIS par la grace de Dieu Roi de France & de Navarre: A nos amés & Feaux Conseillers les gens tenans nos Cours de Parlement, Maîtres des Requêtes ordinaires de notre Hôtel, Grand Conseil, Prevôt de Paris, Baillifs, Senechaux, leurs Lieutenans Civils, & autres nos Justiciers qu'il appartiendra, Salut. Les Sieurs Besnier Avocat en Parlement, Chomat, Duchesne, & de la Val de S. Pont, Bourgeois de notre bonne ville de Paris, Nous ont fait remontrer, qu'en consequence de l'Arrêt de notre Conseil du 12. Decembre 1712. du Traité fait entre eux & les Sieurs de Francine & Dumont le 24. desd. mois & an, & de nos Lettres Patentes du 8. Janvier ensuivant, confirmatives du Traité, ils auroient acquis le Privilege de faire representer les Opera durant le tems de vingt années, à compter du 10. Aout 1712. ainsi que le Privilege de la vente des paroles desd. Opera, lesquelles ils desireroient faire imprimer pour les donner au Public, s'il Nous plaisoit leur accorder nos Lettres de Privilege sur ce necessaires. A CES CAUSES desirant favorablement traiter les Exposans, attendu les charges dont l'Académie Royale de Musique se trouve oberée, & les grandes depens qu'il convient de faire tant pour l'impression que pour la gravure en taille-douce des planches dont ce Livre sera orné, Nous leur avons permis & permettons par ces Presentes de faire imprimer & graver les Paroles & la Musique, de tous lesd. Opera qui ont été ou qui seront representées par l'Académie Royale de Musique, tant separément que conjointement, en telle forme, marge, caractere, nombre de volumes & de fois que bon leur semblera, & de les faire vendre & debiter par tout notre Royaume pendant le tems de dix-neuf années consecutives, à compter du jour de la datte desdites Presentes. Faisons defenses à toutes personnes, de quelque qualité & condition qu'elles puissent être, d'en introduire d'impression étrangere dans aucun lieu de notre obeïssance, & à tous Imprimeurs, Libraires, Graveurs, & autres, d'imprimer, faire imprimer, vendre, faire vendre, debiter, ni contrefaire lesdites impressions, planches & figures, en tout ni en partie, sans la permission expresse & par écrit desd. Sieurs Exposans, ou de ceux qui auront droit d'eux, à peine de confiscation des exemplaires contrefaits, de six mille liv. d'amende contre chacun des contrevenans, dont un tiers à nous, un tiers à l'Hôtel-Dieu de Paris, l'autre tiers ausdits Sieurs Exposans, & de tous dépens, dommages & interêts, à la charge que ces Presentes seront enregistrées tout au long sur le Régistre de la Communauté des Imprimeurs & Libraires de Paris, & ce dans trois mois de la datte d'icelles, que la gravûre & impression desdits Opera sera faite dans notre Royaume & non ailleurs, en bon papier & en beaux caracteres, conformément aux Reglemens de la Librairie, & qu'avant de les exposer en vente il en sera mis deux Exemplaires dans notre Bibliotheque publique, un dans celle de notre Château du Louvre, & l'autre dans celle de notre trés-cher & feal Chevalier Chancelier de France le Sieur Phelypeaux Comte de Pontchartrain, Commandeur de nos Ordres, le tout à peine de nullité des Presentes : du contenu desquelles vous mandons & enjoignons de faire joüir lesd. Sieurs Exposans, ou leurs ayans cause, pleinement & paisiblement, sans souffrir qu'il leur soit fait aucun trouble ou empêchement. Voulons que la copie desdites Presentes, qui sera imprimée au commencement ou à la fin desd. Opera, soit tenuë pour dûëment signifiée, & qu'aux copies collationnées par l'un de nos amés & feaux Conseillers & Secretaires foit soit ajoûtée comme à l'Original. Commandons au premier notre Huissier ou Sergent de faire pour l'execution d'icelles tous actes requis & necessaires ; sans demander autre permission, & nonobstant Clameur de Haro, Charte Normande, & Lettres à ce contraires : Car tel est notre plaisir. Donné à Versailles le 20. jour d'Août l'an de Grace 1713. & de notre Regne le soixante-onziéme. Par le Roi en son Conseil. Signé BESNIER avec paraphe, & scellé.

Nous avons cedé à M. Ribou le present Privilege suivant le Traité fait avec lui le 17. Juillet dernier 1713. A Paris le 22. Aout 1713. Signé, BESNIER.

Regiftré fur le Regiftre avec la Ceffion n. 3. de la Communauté des Libraires & Imprimeurs de Paris, page 648. n. 731. conformément aux Reglemens, & notamment à l'Arrêt du 3. Aoûs 1703. Fait à Paris ce 11. Septembre 1713. L. JOSSE, Syndic.

CATALOGUE

DES LIVRES NOUVEAUX,

Qui se vendent à Paris chez PIERRE RIBOU, Quai des Augustins, à la descente du Pont-Neuf, à l'Image Saint Loüis.

Histoire de Bretagne, composée sur les Titres & les Auteurs originaux, *par Dom Guy Alexis Lobineau, Benedictin de la Congregation de S. Maur*, avec les Preuves ; & enrichie de Portraits, de Tombeaux, de Sceaux, & autres Monumens gravez en taille-douce, *fol. 2. vol. 1707.* 60. l.

Dictionaire pratique du bon Menager de Campagne & de Ville, qui apprend generalement la maniere de nourrir, élever & gouverner, tant en santé que malades, toutes sortes de Bestiaux, Chevaux & Volailles ; de sçavoir mettre à son profit tout ce qui provient de l'Agriculture ; de faire valoir toutes sortes de Terres, Prez, Vignes & Bois; de cultiver les Jardins, tant Fruitiers, Potagers , que Jardins Fleuristes ; de conduire les Eaux , & faire generalement tout ce qui convient aux Jardins d'Ornemens : Avec un Traité de tout ce qui concerne la Cuisine, les Confitures , la Pâtisserie , les Liqueurs de toutes sortes ; les Chasses differentes , la Pêche , & autres divertissemens de la Campagne ; les mots Latins de tout ce qu'on traite dans ce Livre, & quelques Remarques curieuses sur la plûpart ; le tout en faveur des Etrangers, & de tous ceux qui se plaisent à ces sortes de lectures. Ouvrage tres-utile dans les Familles. Par le Sieur *Loüis Liger* , in 4. 2. vol. 10. l.

Histoire Genealogique & Chronologique de la Maison Royale de France, & des Grands Officiers de la Couronne , *par le P. Anselme* , revûë , corrigée & continuée jusques à present ; avec les Genealogies de Messieurs les Chevaliers de l'Ordre du S. Esprit, *fol. 2. volumes* , 40. l.

Estius in Paulum, in fol. 2. vol. 20. l.

Fromondius in sacram Scripturam, fol. 15. l.

Numismata Ærea Imperatorum , Augustarum & Cæsarum in Coloniis, municipiis, & urbibus , jure latio donatis, ex omni modulo percussa , Auctore Joanne Foy-Vaillant Bellovaco , Doctore Medico, & Serenissimi Ducis Cenomanensium Antiquario Parisiis excusa, in fol. 2. vol. 36. l.

Vies des Saints , *par Ribadaneira* , fol. 2.

vol. papier fin , 15. l.

——— De papier Champy , 2. *vol.* 12. l.

Les Loix Civiles dans leur ordre naturel, *fol. 2. vol.* 20. liv.

——— Les mêmes , in 4. 6. *vol.* 36. l.

L'Art de Tourner, où de faire en perfection toutes sortes d'Ouvrages au Tour: ouvrage tres-curieux & tres-necessaire à ceux qui s'exercent au Tour , Latin & François , *fol.* 15. l.

Antiquitates Romanæ & Græcæ , fol. 33. vol. 1600. l.

Les Oeuvres de Maître *Gui Coquille* , Sieur de Romanci, 1703. 2. *vol.* 20. l.

Traité de la Police où l'on trouvera l'histoire de son établissement, les fonctions & les prérogatives de ses Magistrats , toutes les Loix & tous les Reglemens qui la concernent. On y a joint une description Topographique de Paris & huit plans gravez qui representent son ancien état & ses divers accroissemens : avec un Recüeil de tous les Statuts & Reglemens des six Corps des Marchands & de toutes les Communautez des Arts & Métiers, *fol. 2. vol.* 45. l.

Les Oeuvres de M. de la Mothe le Vayer , *in 12. 15. vol.* 36. l.

Oeuvres de M. de Varillas, contenant les Regnes des Rois, *in 4. 15. vol.* 100. l.

Le Diable Boiteux , *in 12.* 2. l.

Les conseils de la Sagesse , contenant les Maximes de Salomon les plus necessaires à l'homme pour se bien conduire soi-même, *in 12. 2. vol. 1714.* 4. l. 10. s.

Amusemens serieux & comiques, par Mr du Fresny , *in 12.* 1. l. 10. s.

Les Oeuvres de *Clement Marot de Cahors, Valet de Chambre du Roy* , revûës & augmentées de nouveau, 1702. *in 12.* 2. *vol.* 6. l.

Histoire de l'admirable Dom Quichotte de la Manche , *in 12. 6. vol. avec figures*, nouvelle Edition, continuée jusque. sa mort. 15. l.

La Vie de Guzman d'Alfarache, traduite de l'Espagnol , enrichie de figures , *in 12. 3. vol.* 7. l. 10. s.

Oeuvres mêlées *de M. de Saint Evremond*, nouvelle Edition augmentée sur celle de Londres , *in 12. 7. vol.* 15. l.

Lucien de la Traduction *de M. d'Ablan*

A

court, avec des Remarques sur la Traduction, in 1. .3. vol. . 6. l.
Traduction des Satyres de Perse & de Ju-
venal, *par le R. P. Tarteron de la Compagnie de* Jesus, nouvelle Edition,
corrigée & augmentée, 1714. 2. l.
10. f.
Fables choisies, mises en Vers *par M. de
la Fontaine*, enrichies de figures, in 12.
5. vol. 10. l.
Les mêmes en un Volume, 3. l.
Histoire de la conquête du Mexique, ou
de la Nouvelle Espagne, *par Fernand
Cortez*, traduite de l'Espagnol, in 12. 2.
vol. nouvelle Edition, avec figures. 5. l.
Histoire de la découverte & de la conquête du Perou, traduit de l'Espagnol,
in 12. 2. vol. avec figures. 4. l. 10. f.
Les Delices de l'Italie, contenant une
description exacte du Pays, des princi-
pales Villes, de toutes les antiquitez, &
de toutes les raretez qui s'y trouvent;
Ouvrage enrichi d'un tres-grand nombre de figures, in 12. 4. vol. 12. l.
Instructions pour les Jardins fruitiers &
potagers, avec un Traité des Orangers,
Par M. de la Quintinie, in 4. 2. vol.
12. l.
La Princesse de Cleves, in 12. 2. vol. 3. l.
Nouvelle de Miguel de Cervante, 2 liv.
Traité du Poëme Epique, *par le R. P. le
Bossu, Chanoine Regulier de Sainte Ge-
neviéve*, nouvelle Edition, revûë &
corrigée, in 12. 2. l. 10. f.
Les Oeuvres de Lucrece, Traduct. nouvelle, augmentée de nouvelles remarques *du Baron des Coûtures*, in 12. 2.
vol. 5. l.
Traité historique des Monnoyes de France, *par M. le Blanc*, in 4. avec des figu-
res, contenant les empreintes des differentes Monnoyes, 9. l.
Les Oeuvres de *M. Pavillon*, de l'Académie Françoise, in 12. 3. l.
De la veritable Religion, avec la connoissance de soi-même, *par Abbadie*,
in 12. 4. vol. 6. l.
Les Oeuvres de Virgile en Latin & en
François, *par M de Martignac*, 3. vol
in 1. nouvelle Edition, 6. l.
La Cour Sainte, *par le R. P. Nicolas
Caussin, de la Compagnie de Jesus*, in
folio, 2. vol. 18. l.
—— La même, in 8. 6. vol. 18. l.
Traduction nouvelle des Odes d'Ana-
creon, *par M. de la Fosse*, seconde édition, augmentée de deux Odes, l'une
de Pindare & l'autre d'Horace, in 12.
3. l. 10. f.

Nouvelle Grammaire Espagnole, *par M.
Perger*, in 12. 2. l. 5. f.
Traduction nouvelle *de Justin*, avec des
Remarques, in 12. 2. vol. 5. l.
Voyage d'Alep a Jerusalem, in 12. 2. l.
Traité de la Noblesse, *par M. de la Roque*,
in 4. 1710. 7. l.
Nouvelle & parfaite Grammaire pour ap-
prendre la langue Françoise, *du Pere
Chifflet*, avec un Abregé d'Ortogra-
phe, *in 12.* 1. l. 10. f.
Novum Testamentum Graecum, in 18. 1. l.
16. f.
L'Esprit de l'Ecriture Sainte, in 12. 2 vol.
3. l. 10. f.
Le Comte de Cardonne, *in 12.* 1. l.
16. f.
Les Avantures galantes du Chevalier de
Thenicourt, *par Madame D...in 12.*
1. l. 16. f.
Le Jeu de l'Hombre, augmenté des Déci-
sions nouvelles, & des Regles sur les
incidens de ce Jeu, nouvelle édition.
in 12. 1. l. 10. f.
La Vie de M. de Moliere, *in 12.* 2. l.
Histoire de la Virginie, contenant celle
de son établissement & de son gouver-
nement jusqu'à present, les produc-
tions naturelles du Pays, la Religion,
les Loix & les Coutumes des Indiens
naturels, *par un Auteur natif & habi-
tant de ce pays-là*, in 12. enrichie de figures en taille-douce, 2. l. 5. f.
Ecole parfaite des Officiers de Bouche,
qui enseigne les devoirs du Maître-
d'Hôtel & du Sommelier, la maniere
de faire les Confitures seches & liqui-
des, les Liqueurs, les Eaux, les Par-
fums, la Cuisine, à découper les Vian-
des, & à faire la Pâtisserie; *huitiéme
Edition*, corrigée & augmentée des Pâ-
tes nouvelles, & des nouveaux Ragoûts
qu'on sert aujourd'hui: Avec des mo-
deles pour dresser les Services de Ta-
ble, in 12. 1715. 2. l. 5. f.
L'Arithmetique *de Legendre*, nouvelle Edition, augmentée de la maniere de
compter aux Jettons, in 12. 2. l.
10. f.
Toutes les Oeuvres *de feu M. le Noble*, 19.
vol. in 12. sous presse.
Stile du Conseil, *par M. Gauret*, *in 4.*
5. liv.
Code de la Marine, in 4. 4. l.
Contes des Fées, ou les Chevaliers Er-
rans, & le Genie Familier, *par M D...*
in 12. 1. l. 15. f.
Traduction en vers François des Epigram-
mes d'Ovven, in 12. 1. l. 10. f.

L'Ambiguë d'Auteüil , ou veritez histo riques, composé du Joüeur, du Nouvelliste , du Financier , du Critique , de l'Inconnu, du Sincere, du Subtil , de l'Hypocrite, & de plusieurs autres personnages de differens caracteres , *in* 12.　　　　　　　1. l. 5 f.

Les Avantures d'Apollonius de Tyr, livre rempli d'evenemens , & écrit dans le même stile que Telemaque, *par M. le B . . . . in* 12.　　　　2. l.

Le Voyageur Fidele , ou le Guide des Etrangers dans la Ville de Paris ; qui enseigne tout ce qu'il y a de plus curieux à voir : les noms des Ruës, des Fauxbourgs , Eglises , Monasteres , Chapelles, Places, Colleges , & autres particularitez que cette Ville renferme ; les Adresses pour aller de quartiers en quartiers, & y trouver tout ce qu'on souhaite, tant pour les besoins de la vie , que pour autres choses : Avec une Relation en forme de Voyage , des plus belles Maisons qui sont aux environs de Paris : le tout pour l'usage & l'utilité des Etrangers, *in* 12.　　　　　　　　2. l. 5. f.

Les Voyages *de M. Tavernier* , derniere Edition , revûë & corrigée de quantité de fautes , & augmentée de la Vie & mort de l'Auteur , & d'un Voyage qu'il a fait en Prusse, avec plusieurs planches nouvelles qui n'ont point paru dans les précedentes éditions , le tout dirigé par un ami de l'auteur qui a fait plusieurs Voyages avec lui, *in* 12. 6. *vol.*　18. l.

Abregé de Geographie , & de tout ce qu'il y a de plus remarquable dans chacune des quatre grandes parties de la Terre, particulierement dans l'Europe & dans le Royaume de France : le tout mis en ordre pour pouvoir être appris & retenu facilement par cœur, avec les routes des postes de France & d'Espagne, dedié à S. A. S. Monseigneur le Prince de Dombes , *par M. Poncein , in* 12,　　　　　　　　1. l. 5. f.

L'Eloge de la Folie, composée en forme de Déclamation *par Erasme de Roterdam* , avec quelques Notes de l'histoire & les belles figures de Holbenius : le tout sur l'original de l'Académie de Bâle; piece qui representant au naturel l'homme tout défiguré par la sotise , lui apprend agréablement à rentrer dans son bon sens, Traduction nouvelle; *par M. Gueudeüille , in* 12.　　5. l.

Histoire de France , *par M. de Larrey, in* 12.　　　　　　　　3. l.

Recueïl de bons mots des anciens & des modernes , nouvelle Edition augmentée ,　　　　　　　　2. l.

THEATRE DE MESSIEURS

Corneille , nouvelle Edition , augmentée & enrichie de figures en taille douce , 10. *vol. in* 12.　　　　　　25. l.

Racine , 2. *vol.* nouvelle Edition,　6. l.

Campistron, nouvelle Edition , augmentée d'une Tragedie & d'une Comedie, & ornée de figures ,　　　　　4. l.

De la Fosse , avec les Poësies , 2. *vol.*　5. l.

Crébillon ,　　　　　　　　3. l.

Pradon ,　　　　　　　　3. l.

De la Grange , augmenté d'Ino & Melicerte, Tragedie ,　　　2. l. 10. f.

Moliere , 8. *vol.* nouvelle Edition , augmentée de sa Vie , avec de nouvelles Remarques ,　　　　　15. l.

Dancourt , 8. *vol.* nouvelle Edition , augmentée de plusieurs Pieces qui n'avoient point été imprimées dans les Editions précedentes , avec figures & musique ,　　　　　　15. l.

Regnard , 2. *vol.*　　　　　5. l.

Poisson ,　　　　　　　　3. l.

De la Font ,　　　　　　　2. l.

De Hauteroche ,　　　　2. l. 10. f.

De Legrand ,　　　　　2. l. 10. f.

Palaprat, seconde Edition, augmentée de plusieurs Comedies qui n'ont pas encore été imprimées, & d'un Recüeïl de Pieces en Vers, 2. *vol.*　　　5. l.

Baron ,　　　　　　　　3. l.

De Riviere,　　　　　　2. l. 10. f.

Boindin ,　　　　　　　　2 l.

De Champ-Mêlé ,　　　　2. l.

De Montfleury , 2. *vol.*　　5. l.

Boursault , 2. *vol.*　　　　5. l.

De Mademoiselle Barbier ,　2. l. 10. f.

Quinault , nouvelle Edition , augmentée d'un abregé de sa Vie , d'une Dissertation sur ses Ouvrages , & de l'origine de l'Opera, & de ses Opera, *in* 12. 5. *vol.* ornez de figures ,　12. l. 10. f.

Theatre François , ou Recüeïl des meilleures pieces de Theatre des anciens Auteurs, *in* 12. 3. *vol.*　　7. l. 10. f.

Theatre Lyrique avec une Préface où l'on traite du Poëme de l'Opera, & la Réponse à une Epître Satyrique contre ce spectacle , *par M. le Br. in* 12.　2. l.

Caton d'Utique.
Absalon.
Cyrus.
Geta.
Les Tyndarydes.
Saül.
Médée.
Herode.
Ino & Melicerte.
Polydore.
La mort d'Ulysse.
Mustapha.
Jonathas.
Habis.
Agrippa, ou le faux Tiberinus.
Marius.
} **Tragedies.**

Le Curieux Impertinent.
Les Agioteurs.
L'Amour Charlatan.
Le Naufrage.
Danaé.
Turcaret.
Crispin Rival.
Le Jaloux desabusé.
Les Métamorphoses.
L'Amour vangé.
Esope à la Ville.
L'Usurier Gentilhomme
Esope à la Cour.
Les Fêtes du Cours,
Le Verd Galant.
Sancho Pansa Gouverneur.
La Devineresse.
L'Impromptu de Suresne.
Les trois Freres Rivaux.
La Coquette de Village, ou le Lot suposé.
} **Comedies.**

Les Airs notez des Comedies Françoises, *par M. Gilliers, in 4.* 9. l.
Telephe, Opera, noté, 7. l. 10. f.
Médée, noté, 8. liv.
Les Plaisirs de la Paix, noté, 8. l.
Médée.
Les Amours déguisez.
Arion.
Telephe.
Armide.
Les Fêtes de Thalie.
Telemaque.
Proserpine.
Les Plaisirs de la Paix.
Zephire & Flore.
Theonoe,
L'Europe galante.
Acceste.
Ajax.
} **Opera en parolés.**

Le quatrième Livre des Motets *de M. Campra,* 5. l.
Recueil de Pieces en Vers, adressées à S. A. S. Monseigneur le Duc de Vendô-

me, & plusieurs Essais de Poësies diverses, *par M. de Palaprat, in 12.* 1. l. 10. f.
Et toutes les autres Pieces de Theatre tant anciennes que nouvelles.
Tous les Opera.
Le Theatre de l'Amour & de la Fortune, par Mad. *Barbier, in 12. 2. vol.* 4. l.
Le Munitionaire des Armées de France, qui enseigne à fournir les Vivres aux Troupes avec toute l'œconomie possible, *par M. Nodot, in 8.* 3. l. 10. f.
La Connoissance parfaite des Chevaux, contenant la maniere de les gouverner, nourrir & entretenir en bon corps, & de les conserver en santé dans les voyages ; avec un détail general de toutes leurs maladies, des signes & des causes d'où elles proviennent, des moyens de les prévenir, & de les en guerir par des remedes experimentez depuis longtems, & à la portée de tout le monde. Joint à une nouvelle instruction sur le Haras, bien plus étenduë que celles qui ont paru jusqu'à present, afin d'élever de beaux Poulains pour toutes sortes d'usages. On trouve aussi dans ce Livre l'Art de monter à Cheval, & de dresser les Chevaux de Manége, tirée des meilleurs Auteurs qui en ont écrit. Le tout enrichi de f... raille douce, *in 8.* l. 10. f.
Lettre à M. de .. ciens Rois ou Dieux d'Eg... plique ce qui a donné lieu aux Fabl... Dieux de l'Antiquité, brochure *in 12.* 1. l.
La Rivale travestie, *in 12.* 2. l.
Nouveau Recueil des plus beaux Secrets de Medecine pour la guérison de toutes sortes de maladies, blessures & autres accidents qui surviennent au corps humain, & la maniere de préparer facilement dans les Familles, les remedes & les médicaments qui y sont necessaires, avec un Traité des plus excellents préservatifs, contre la peste, fiévres pestilentielles, pourpre, petites veroles, & toutes sortes de maladies contagieuses, donnez par une personne charitable, augmentez des veritables Secrets naturels de *M. Lemery,* qui regardent la nature & l'art, avec d'autres Secrets fort curieux, & tirez de ce qu'il y a de meilleurs Auteurs en ce genre. 2. *vol. in 12.* 5. l.
Histoire de Gilblas de Sintillanne, par *M. le Sage.* 2. édition, 2. *vol. in 12.* ornée de Figures. 5. l.
L'Imitation de JESUS-CHRIST en vers, *par M. Corneille,* in 12. orné de figures, 3. liv.